Ne vous attachez pas aux mots,

Ne voyez pas l'image,

Sentez-la !

****

Laissez-vous surprendre.

BONNE LECTURE, …

… et BONNE INSPIRATION !

L'OEUVRE POÉTIQUE par
Victor VARJAC

......................*"Entre l'aube et la chute"*....................

Le poète, bien plus que tous les autres, perçoit l'indicible de la vie, sur l'aile de ce temps, qui le traverse.

A la proue du navire de l'existence, il distingue, le premier, ce que l'avenir nous prépare, et le premier, il affrontera et souvent subira les changements annoncés, sans jamais s'y soustraire.

Dans ses recueils, l'Éclaireur semble marquer une pause ; une respiration.

C'est en "spectateur actif" qu'il va offrir au lecteur un véritable panorama des jours.

Après avoir "décodé" le message, ou le piège, le poète restitue la substance et la confie aux hommes qui passent.

Mais qui s'arrête, qui écoute celui qui voit, celui qui sait ?
Personne, ... ou presque.

L'histoire nous enseigne que de nombreux poètes furent les vigies placées au sommet de la scène où allait se dérouler la pièce tragique du monde.

Prophète des jours et vagabond des mots, l'Éclaireur souligne les dangers et les fissures dont notre société est si friande : le chômage, le crédit, les huissiers, la chute infernale où l'Avoir dévore l'Être ...

Sous le joug quotidien de la misère banalisée, le bon peuple "d'en bas" ne peut que serrer les dents.

Subir en silence semble la loi à laquelle se soumet la multitude.

Les anonymes, les sans grade, ceux qui ne font pas d'ombre sur le sol, disparaissent sans un cri, avec cette élégance que les bourreaux appellent "savoir vivre".

Mais ici, nous ne parlons, hélas, que de la mort.

Or le poète sait, car le poète ressent jusqu'au fond de sa vie, la blessure mortelle et la chute effroyable du corps qu'on s'empresse de recouvrir d'un linceul de poussière, où l'oubli ne tarde pas à bailler.

L'auteur ose, dénonce et avertit les hommes des guets-apens, des tortures.

Mais comment s'évader d'une prison qui ne possède pas de murs ?

Et si la solitude était pluriel ?

Si le délaissé était plusieurs ?

Sans doute est-il des millions ...

Alors une aube nouvelle, avec toutes ses mains,
déchirerait le voile noir de la haute finance ...

La rentabilité n'aurait plus sa ration journalière de
sueur, de larmes et de sang ... elle tomberait d'elle-
même, et la joie des hommes enchaînés planterait la
lance de la vie dans les entrailles du capital assassin.

L'amour pourrait enfin s'exprimer.

L'avenir ferait un soleil aux lèvres des enfants.

Les rires et la lumière viendraient enfin s'asseoir sur
le devenir de nos âmes.

**L'Éclaireur nous emporte au-delà de ces murs
que l'on croyait infranchissables.**

TABLE DES TEXTES   Page

Fresque des Temps Modernes

Tome 2

Est le deuxième d'une collection, toujours en cours d'écriture, dont trente volumes sont déjà achevés et paraîtront prochainement.

SI LIMITANT

« Droit de propriété », dit la Déclaration,
Qui devient, de fait et bien souvent, sur le joug
Ce fardeau qui condamne, asservit les passions,
Enchaîne les désirs, surtout saborde tout.

Des marges si serrées viennent faire tomber
Le couperet trop tôt sur tant de raisons d'être.
Quoi qu'il ne serait plus, pour pouvoir le quitter
Il faudrait qu'il ne soit avant de disparaître.

Qu'est-ce qu'il va laisser ? Quels seront les acquis
De qui suivra ses pas pour quitter le sentier
Sur lequel il est né ? Quitte à laisser sa vie,
Quelle issue, quel moyen va t-il pouvoir léguer ?

La question envahit tout l'espace mental
Par manque de réponse. Ce satané loyer
Censure tout écart, leste un travail vital
Sur l'absence d'espoir, sur des pleurs, l'anxiété.

Des prisonniers d'état, d'état de dépendance,
Forme, encore et toujours, de subordination
A ceux qui sont mieux nés, où, sans beaucoup de chance,
Accepter ou crever sont seules solutions.

LA FLEUR EST DANS LE FRUIT

De ce brut état d'être à ce qu'il en devient,
Tant de voies, d'ouvertures, taquinent en chemin
L'acuité, l'attention, volonté d'un destin
Né des choix du désir, axe des lendemains.

Aveuglés de principes, d'inaccessibles, d'avoirs,
Illusions, virtuel, masses de possessions,
D'un pouvoir qui ne donne accès qu'à du pouvoir,
D'un savoir immédiat si souvent déraison.

Alors dites-le moi ! Où peut-on les chercher
Sans risque d'égarer ses forces et sa raison ?
Sans perdre un temps précieux qui nous voit s'enferrer,
Lier ce qui déroute aux sources des passions ?

Richesse et sans limite, n'importe où que ce soit,
Ce ventre en gestation nourrit les solutions
Que tant cherchent ailleurs, que chacun porte en soi.
Erreur sur les supports, erreur sur les questions.

Cultiver sans compter tout ce qui l'enrichit,
Libérer l'Etre par le travail sur l'esprit,
Rechercher le bonheur ailleurs qu'en ce qui luit,
Viennent remplir la Vie de richesses et de fruits.

DE CE QUI EST BIEN

Quelquefois séculaires, les idées sont reçues.
Ce qu'il faut, ne faut pas, qui modèle l'image,
Dérisoires apparences, l'encontre du vécu,
Font leurs lois, bonimentent, jouent sur les décalages.

Trait de sincérité, la larme est essuyée,
Les rides sont gommées, le verbe alambiqué.
Bien loin de l'entretien, par cet art de masquer
Tout ce qu'on dit pas beau, se meurt ce qui est vrai.

Même la retenue n'est pas la panacée.
Souvent crever l'abcès tue les malentendus.
Mieux que pieux mensonges, l'état de vérité
Dépasse tout ce qu'à nier ils s'évertuent.

D'être vrai nait l'espoir mis dans le genre humain
Par quelque individu que l'exhaustivité
Du ressentir émeut, qui sait que seul au sein
Des moindres éclats sont bonheur et loyauté.

Choisir n'est pas souvent l'acte que tant croient faire.
Comme la liberté, c'est par des sacrifices
A l'intime, au savoir, qu'apparaît l'exemplaire
En lequel se ressent l'axe de la matrice.

PISTES D'ÉGAREMENTS

Quel intérêt, dis-moi, quel intérêt pour soi
Si le désintérêt ne fait, pour ce qu'on aime,
Place pour ceux qu'on aime, sans forme ni débat,
A la raison, ce don qui germe et qui essaime ?

Bien au-delà, c'est clair, de cet état des choses,
Au-delà des raisons, sans poser de pourquoi,
Vient chez qui le reçoit, loin de ce qu'on propose,
S'épanouir le monde et tous ses aléas.

Donner, laisser, ne sont que verbes dérisoires
A qui cherche les mots désignant, de sa vie,
Les actes principaux qui, plus loin que l'espoir,
L'enrichissent d'abord, puis comblent l'infini.

Grâce et par lui l'être est cet accès qui le mène
A l'unité de tout, l'harmonie des karmas,
Le Fondement, sans doute, les axes qui ramènent
Au propre de chacun ce qu'il crut au-delà.

Quels que soient l'alentour, les milieux, conditions,
Qu'on a subis, vécus, le cultiver toujours
Grandit, dépasse tout, même cette notion
Qu'ignorer fait tarir au désert des détours.

AIMER

De ces paroles vraies, si simples et si profondes,
Les mots se trouvent assis par les passions qu'ils servent,
Si multiples, aux jardins dont la culture fonde
Un vecteur essentiel qui dirige et préserve.

Le discours est bien beau, quoi que, le plus souvent,
Dans cette relation, il n'y ait d'individu
Que celui qui converse, et qui parle ardemment
D'un sentiment unique, restreint du point de vue.

De tant d'ordres certains, ils prennent parfois des
Formes inhabituelles, et voir inattendues.
Le verbe, singulier, qui vient les souligner
Doit se sentir bien seul face à leur étendue.

De petites attentions, la promptitude certes,
D'incessantes recherches, le partage ou le don,
L'objet des précautions, n'admettent nulle perte,
Gestes ou phrases incertaines, ambitions, protections …

De formes infinies, multiples pour beaucoup,
N'offensant la morale, pas plus que les usages,
Alors qu'ils se complètent, les principaux atouts
De ce qui nous construit sont autant d'avantages.

TEMPS D'AVANT

On le dit belle affaire, unique et magnifique :
« Ah, quand je les avais… », et : « Les avoir encore … »
Hantent sans doute tant de ces vies fatidiques
Où modèles et principes imagent les trésors.

Il est pourtant fort clair qu'avant le plus profond,
Sincère et si puissant, c'est le temps des mirages,
Dont on ne reviendrait, connaissant les prisons
De ce qu'évolution transforme en avantages.

Mon Dieu qu'ils se retournent et regardent derrière !
Qu'appellent-ils dégâts les marques du passage ! ?
Ce plus qu'unique attrait, ces semblants de barrières
Où se façonnent les plus heureux des présages ?

Fruit si riche et gorgé par le nectar d'années
Que l'on dit formidables, ou bien catastrophiques,
Où seul compte, après tout, ce qui fut enseigné
Pour donner, aujourd'hui, de meilleures pratiques.

Alors, fi d'artifices, l'axe d'évolution
Qui tend vers l'équilibre, l'harmonie, le bonheur,
La plus grande beauté, pour qui n'est pas de nom,
Voit presque ces vingt ans comme utile malheur.

SUR LE FOND

Éprouver l'attendu, le subi, récolter,
Partager les acquis, le savoir, la mouture,
Induire ce pouvoir de façonner les clefs,
Fermer les portes sur des leurres d'ouvertures.

Essayer les étapes, les offres en devenir,
Oser pour ce qui apporte, enrichit d'autres vies,
Respecter les avis, différences, les désirs,
Opposer des accords à ce qui désunit.

Regarder, observer, pour servir l'essentiel,
Chercher, sentir, aider, recevoir les messages,
Comprendre, aller, porter ce qui mène à l'éveil,
Libérer des avoirs aux multiples visages.

Dépasser, transcender le statut minimal,
Retenir des états vérités la fraîcheur,
Accepter de laisser taire l'acte mental,
S'épanouir étant son propre conducteur.

Approcher, recevoir, tendre vers l'équilibre,
Réaliser enfin l'harmonie qui fait foi,
S'oublier face à ceux qui seront bientôt libres,
Etre par ce qui est, tout et tout à la fois.

CRÉATEUR SANS LIMITE

Résurgence infinie, de l'infime à l'immense,
Du giron minuscule, ce noyau si secret
Hors duquel rien ne compte, où tout n'a d'importance
Que par sa conception au cœur de l'unité.

Artisan minutieux des rapports, de l'humain,
Quand la moindre attention grandit le premier plan,
N'est remarquée que d'eux, renaît de l'anodin
Et signe sans remous d'immenses sentiments.

Toujours intarissable, source d'un vrai bonheur,
Cette force implacable, qu'on reçoit, qu'on mérite,
Dépasse la raison. Elle peut le meilleur,
Mais bien le pire aussi, puissante et sans limite.

Modèle de rigueur, regard de chaque instant,
Par mots, gestes et désirs que rien ne peut méprendre,
Loin de passivité, c'est l'accepter qui rend
Au vouloir ce pouvoir, l'intérêt d'entreprendre.

Le prix de ce plaisir, en retour, sans effort,
Par ce qui n'est qu'apport, sacrifice ou présent,
Fait lumière partout, quand le plus grand trésor
Envahit la vie de qui s'active à l'attendre.

D'ORDRES VRAIS

PREMIÈRE PARTIE :

FACE A CEUX DU COMMUN

Tensions d'apothicaires, des comptes qui succombent,
Histoires et démesures où de tristes déserts
Engloutissent ces vies de tourments, d'hécatombes,
Alors que rien ne presse, et que tout est ouvert.

Qui sait comment, sans faire un acte déplacé
De menues vérités, ces gens pourraient surseoir
Au monotone état d'un discours condamné
Pour n'inspirer qu'envie chez ceux qui veulent y croire ?

Riches de pauvreté, d'absences, iniquité,
L'apparence ne tient que par le virtuel
Pouvoir de cet indu venin qui, sans mérite,
Sans honneur, lâche n'est même ni fruit ni miel.

L'ignorance, bien souvent, est flagrante, apparente,
Et dès qu'on quitte les grands principes immortels,
Dès qu'il s'agit d'humain, d'uniques et de vivantes
Impressions, ressentirs, tant tient de l'irréel …

L'handicap est majeur, autant qu'inaperçu,
Face aux désirs des si riches qui leurs envient
L'illusion du pouvoir immédiat, éperdu,
De l'argent, des avoirs qu'ils n'ont jamais acquis.

D'ORDRES VRAIS

DEUXIEME PARTIE :

CAS DE CEUX DU COMMUN

Sur l'échine et le cou, du moindre état, partout,
Quelques grains se déposent, et n'en finissent pas
D'alourdir le fardeau ; pourtant, tenir debout
Se fait souvent corvée du jour sans autre choix.

La pensée, les calculs, dans l'espace mental
Réduit qui reste libre, prennent toute la place,
Accréditent un espoir qui se fait principal,
Qui tarde à se montrer, mais que rien ne remplace.

Désir de réagir, d'accéder aux images,
A ce qui fait envie, reste simple, interdit
Si souvent par des droits de naissance, esclavage
Aux formes alambiquées, aux angles arrondis.

Dépourvus de défense, privés de réaction,
Ecrasés, fatigués, niant tout commentaire ;
Face aux répercussions, voici la soumission
Qui sait faire accepter, qui fait, du moins, se taire.

Les concepts essentiels s'effacent aux paysages
Où le regard n'a plus d'axe que l'apparent,
L'affiche et le brillant, sans idée de partage,
Ou de tendre une main vers ce dont on dépend.

DE TRAJETS PRÉFORMÉS

Enclin au stigmatisme ascendant, réducteur,
Apologie des uns, diminution des autres,
Dans ce monde inégal l'apparence et l'erreur
Occupent tant de place au rang des bons apôtres …

Espace d'illusions, où la rumeur fait loi,
Où les ragots suffisent à décider de vies,
A culpabiliser qui ne s'y plierait pas,
Infléchir la pensée, persuader les envies.

De fort longtemps les plis furent pris, et bien pire.
Une caricature appuie des sentiments
Qui se font démesure, qui séparent et déchirent,
Enrichissent, appauvrissent, creusent aussi librement.

Que faire, où s'adresser si pris dans le carcan ?
Tout passe encore par le vouloir des plus riches,
Mieux lotis de l'état, dont on est dépendant,
Qui disposent et décident, qui choisissent, qui affichent.

D'équitables attributs, égalités de droits,
De plaisirs et de choix, de pouvoir décider
Comment on vit le jour, lisseraient, sans éclat,
Les tensions, réactions, pousseraient à s'aimer.

DE PLUME ET DE PUISSANCE

Pierres d'angles de tous grands mouvements sociaux,
A leur base toujours, artisans des progrès,
Devenirs, soubresauts, si souvent primordiaux,
Leur travail ne tient pas que de plume et d'aimer.

S'atteler au papier reste un acte final
Dans l'essentiel des cas, catalyseur majeur
Des forces et des idées, d'un message au mental,
Ce qui sera, bien-sûr, l'acte fédérateur.

De puiser, cultiver, peser les temps d'avant,
Ces gestes responsables ont les faveurs d'auteurs
Au verbe décideur de tant d'engagements,
Des combats pour demain, aujourd'hui, précurseurs.

Passant inaperçues, les idées s'insinuent,
Le temps fait son travail. Lorsque remonte l'onde
Les regards se transforment, conçoivent et s'habituent
Sur ce qu'on crut figé. C'est l'inédit qui abonde.

Presque toujours absents lors des événements
Visés, nourris par ces penseurs décisionnels,
Ils laissent leurs travaux, ouvrages influents,
A ceux qui les suivront dans des marches essentielles.

D'INFLUENTS BÂTISSEURS

Une satisfaction vient bien du plaisir de
Faire et réaliser ce qui tient en leur fond ;
Mais ce n'est que si peu, ce n'est qu'un moindre aveu,
Si futile, lorsqu'en d'autres en sont les vraies raisons.

Tant d'efforts, de travail, de souffrance et de temps
Pour se rendre à soi-même un reflet sans surprise
Empreint de flatteries, n'aurait que les accents
Prétentieux que beaucoup de petits cherchent et prisent.

C'est donc alors d'ailleurs que provient ce faisceau
D'énergie, conviction, force de cultiver
Ce talent difficile, essentiel, où l'ego
N'a de place que par ce qu'il est messager.

Les ouvrages de ces artisans d'ouverture
Ont cette liberté que confère l'esprit
Quand des carcans rigides assimilent à culture
Un savoir préconçu qui n'en est que l'outil.

Quels que soient les porteurs, et si brefs les passages,
Il est des pierres qui restent des fondations,
Il est des impressions qui sont maîtres d'ouvrages,
Et qu'ils laissent, bien sûr, en offre plus qu'en don.

ATTEINDRE L'INFINI

Etrange antagonisme où la contradiction
Entame l'assurance, l'évidence, les demandes
Qui n'ont pas pour miroir que des affirmations
Données par ce savoir que nier réprimande.

Lorsque disparaître est ce que l'on tient pour vrai,
Quoi qu'alors, pour certains, qui dérangent parfois,
Tout semble se poursuivre et rien n'a l'air changé,
Quels repères pour nos sens qui restent pantois ?

Qui, d'autres dimensions, n'accepte le signal,
La présence autrement que ce que reconnaît
Le commun du vécu, ce quotidien banal
Si loin des apparences ou du simple reflet ?

Sûr que des plus puissants sentiments que la vie
Sait leur faire éprouver vient un dépassement
Des concepts initiaux, ce qui fut toujours dit
Comme être universel, vers d'autres avènements.

Cataloguer en troubles et confusions divers,
Quoi que souvent sincères, des faits conceptuels
Pour des états plus forts que les raisons de chair,
Fige et déroute ceux qui n'ont que le charnel.

DE FORCE ET DE RAISON

Si précieuse qu'on en voit souvent que l'extrême
Etat de privation en bénissant son lot,
Car tout bien mieux face à ce châtiment suprême.
Tant souffrent alors sans en savoir poser les mots.

Il y a tant de niveaux que seul le ressentir
Evalue sa portée, quoi qu'ils soient sans issue
Par la proximité, dépendance, ou plaisir,
Qu'est laminé le jour, que le pire est vécu.

Sur des choix bien réduits, tout acte, ou sacrifice,
N'a souvent pour effet que d'être et disparaître
En accord d'acquiescer aux dictats d'artifices
Issus de cette loi qui pousse à se soumettre.

Mieux que mille trésors, savoir la préserver,
L'acquérir, la grandir, justifie plus que tout
Ce pour la posséder, puis transmettre et léguer,
Capital essentiel, maître de tout atout.

Quels que soient l'attention, les efforts à fournir,
Baisser les bras serait un extrême constat
D'où c'est au passé que l'on conjugue finir,
Sur tant de bénéfices évincés sans débat.

ADVERSAIRE PRÉCIEUX

Insensible, étrangère au choix de ses victimes,
C'est sans droit de recours qu'elle assène les coups,
Portés sans distinction quand son rapport intime
Enrichit qui subit, multiplie les atouts.

Elle est toujours unique, souvent imprévisible,
Chaque fois différente, éperdue, personnelle,
En si précieux moteur qui joue sur le sensible,
Qui pousse, offre des choix, qui souvent, les révèle.

Engendrée des échecs, de ce qui, du parcours,
Fausse les directives, elle impose jalons,
Alourdit les efforts, modèle les contours,
Obture des espoirs, crée des évolutions.

Si chacun s'en défend, tant cherchent à l'éviter
Quand bien peu sont conscients de tout ce qu'elle apporte
En essentiel allié, unique associé
Qu'on refuse et bannit, mais clef de tant de portes.

Loin de fatalité, savoir la reconnaître
En fait l'axe majeur, le guide primordial
De cette évolution qui s'étire de naître
A mourir de la chair sous le règne animal.

SUR DE JUSTES VALEURS

Autre que ce regard sur un tout premier plan
Qu'attisent les médias, la complainte s'égare
A l'égard des fauteurs. L'attention se défend
Lorsqu'on la dit, partiale, d'agir sur les regards.

Fusent alors les sentences où des voix de stentor
Fustigent leurs propos de décadence sûre,
L'irrémédiable pli pris par ceux qui, dès lors,
Sont le gage certain d'érosion du futur.

Monotones discours depuis la nuit des temps,
Mêmes mots sous Platon, même avant ! Ces plaideurs
Etaient sujets hier d'acerbes et véhéments
Ironies, tailleries, jugements de valeurs.

Autant d'erreurs persistent où, d'un brin de recul,
On peut apprécier l'étendue de l'écart
Quand les avis ne sont ni culte ni calcul,
Lorsque l'alarmisme est un fort faire-valoir.

Fi de tous ces violeurs qui manient l'en avant,
L'essentiel est inverse aux discours détracteurs,
Et c'est de sa richesse infinie, son allant,
Ce creuset sans égal, que viendra le meilleur.

SENTIR L'UNIVERSEL

Sans choix, c'est faire pour faire, oui, c'est tenir
Pour tenir. Lors, penser, imaginer se font
Abrasifs tout autant qu'un désir d'avenir
Se trouve saccagé par l'excès de pression.

Peut-être que le pire est le moins douloureux.
Sans espoir ni conscience, les actes routiniers,
Les plaisirs sans recul, ne laissent aux adieux
D'acuité qu'immédiate, sensation d'usurpé.

Tout est alors très court, et le fait se suffit
A lui-même, passe, agit, s'efface et disparaît ;
Faisant ainsi place à cette atrophie de vie
Où l'éveil ne permet plus de se regarder.

Le jour semble vicieux, mais c'est sans équivoque
Un partage social où voir et décider
S'arrêtent au mur d'en face, où les décideurs troquent
Allègrement des vies pour de minces intérêts.

Du peu de décidé, serait-ce en cultivant
La créativité de l'espace mental
Que l'on peut s'échapper, inverser le ballant
Des fausses libertés, celui de l'inégal ?

DÉNUER DU SECONDAIRE

Si mobilisateurs, qu'ils en semblent essentiels,
Ferment l'individu sur les vrais fondements,
Tirent vers les appâts d'illusoires merveilles
Une infinité de tant d'anodins moments.

Dégâts de diversions limitent le pouvoir
De distinguer les vrais problèmes et les combats
Sur le fond, pas la forme, loin du faire-valoir,
Qui sont, quoi qu'on croie, le plus souvent contre soi.

Tant à dire sur tant de non-sens finirait
Par noyer tout discours sans savoir qu'il suffit
De ne pas s'égarer, cerner les dérivés,
Revenir au seul Oeil, à ce germe inouï.

Tenir de la notion l'intangible concret,
L'inaltérable de l'indicible souhait
De fondre par lui dans l'essentielle Unité
Où la charge resserre au lieu de séparer.

Rechercher, recentrer, ajuster, sans faiblir,
Toujours la perception qui pare au superflu,
Optimiser ainsi les actes en devenir,
Sont focale de ceux qui tendent à l'absolu.

D'EXTRÊMES

Indicible amplitude où rien ne compte si
L'acte n'est pas total, le fait illimité,
La pensée transcendante, loin de cet infini
Dont la portée se dit être finalité.

L'exigence est ardue face à l'acceptation
De ce qui sans demi-mesure assurera
Le pouvoir, régisseur, de l'accord qui refond
Tout vers cet essentiel, ou vers son contre état.

Féérique censeur, tortionnaire asservi,
Si puissant assesseur, pourvoyeur qui propose,
Détracteur de ce qui frissonne et qui languit
Vers des dictés faciles, envers qui s'y repose.

Références inconnues d'où naît un propre aloi,
Qui donnent un implacable égoïste, insatiable,
Goulu dispensateur d'incomparables émois,
Où souffrances et plaisirs n'ont cure des notables.

Mesure illimitée de la pire exigence,
Du plus grand des retours, il livre, sans détail,
Des traités mirifiques aux plus dures sentences,
Et gare à qui voudrait échapper à ses mailles.

L'OEIL EST SIMPLICITÉ

C'est le cas, si souvent, face à ce qu'il contient,
Constaté dérisoire, et vécu comme tel,
En mimes monotones, veuf comme un orphelin
Qui ne peut être que déçu par les séquelles.

Il n'est pas de raison, pourquoi, de décision,
Donné par le banal qui puisse y répondre,
Ou satisfaire qui se sent autre qu'un pion,
Sans même l'effleurer, sans définir, confondre.

Tant par l'apparent, la culture des avoirs
Payés, quantifiés, très bien répertoriés,
Si simples et si prisés qu'ils en semblent devoirs,
Sur cette échelle qui croit tout étalonner.

Les regards grands ouverts ne voient que la lumière,
Aveuglés, inutiles, car ils ne savent pas
Qu'ailleurs sont les moyens, que l'image est barrière.
Ils cherchent au loin ces clefs qui sont par leur état.

Plus de choix, tentatives, obture l'essentiel,
Brouille ce qui s'impose à la simplicité
De ces vaines questions, ces leurres où s'émerveille
Un peuple si crédule à la complexité.

MAJEURE RELATION

Plus haut, bien au dessus de ce qui la contient,
Qui semble l'engendrer, des corps, de leurs rapports,
Incomparable alliée, elle échappe au destin
De préceptes essentiels pour des vies sans remords.

Présente, elle est tapie, si souvent inconnue
Tant que rien ne l'attise, ensuite il n'y a pas pire.
Envahisseur, pourtant, elle est la bienvenue,
Et surpasse de loin les plus forts des désirs.

On s'en défend, des fois, lui conteste la place
Où, de toute façon, c'est elle qui s'impose
Et s'affirme être qui décide. Elle déplace,
Et tue l'opposition. Malheur à qui s'oppose.

Si totale, exhaustive, ailleurs qu'en harmonie
Seule l'éviction peut s'appliquer au refus
De n'être que par elle, tout et part d'infini
Qui n'a pour dimension qu'un noyau d'absolu.

La puissance est sans faille où n'est d'adversité
Qui ne soit digérée par cette force immense
Et tranquille à la fois, que, pourtant, seul soumet
Son unique concept vécu comme évidence.

PIÈGES D'ÉGAREMENTS

D'où que le conscient se tourne ils sont partout,
Myriades intempestives, autant qu'appropriées,
Hors du champ desquels ne restent que les tabous
Quand l'esprit vient à se prendre au jeu proposé.

Leur multiplicité, qui interpelle sans cesse,
Distribue, à tout va, l'immense potentiel
De ce for intérieur, minimise et disperse,
Empêche si souvent l'abord de l'essentiel.

Prêt à penser, jouir, ils viennent à satisfaire,
Savent faire espérer, tout en postes charmeurs
Par la simplicité ; mais ils restent adversaires
Aux arguments cachés, sournois, tout en douceur.

Par leurres décisifs, ils engendrent un réel
Accord de l'apparent face au fondamental
De l'incommensurable, unique et sans appel,
Matrice qui dispense, tend vers l'état fœtal.

Bien pires que les plus grands manipulateurs,
Ils assurent un tranquille étrange statu quo ;
Ils s'imposent et s'opposent aux devenirs d'acteurs
Repus, sans absolu, dit gagneurs, mais K.O.

SUR SAVOIR S'ACCEPTER

Performantes recherches en plus de performances,
Passage de repères, de jalons, d'étalons,
Qu'on retrouve, qui rassurent, donnent cette assurance
Où l'individu se fait par comparaisons.

Cheminer d'un avant garanti vers des cages
Où faire remarquer les échelons qu'on quitte,
Dans des filets de ce qui échappe à l'héritage,
Aide à marquer des buts, repousser les limites.

Des formes d'équilibres en viennent à s'installer
Entre agir, regretter, ce renom qui souligne
Un amer sentiment de savoir les premiers
Loin de toute échappée qui tendrait vers leur ligne.

Tant pourraient discuter, pour plaider les axiomes
Auxquels se référer lorsque nul ne saurait
Pouvoir justifier d'actes en mots qui raisonnent
Aux échos de chacun sans être contestés …

Des seuls désirs et clefs de ce qu'on veut forger
Découlent les moyens. Alors du caractère,
La performance pure ou la naïveté
Sont tant de positions sur tant d'intermédiaires.

DES VRAIES RICHESSES

Inépuisables sources en pourquoi d'exister,
Pluralité d'un seul axe d'évolution
Envers qui les épreuves où la difficulté
Font part des progrès de qui en sait la raison.

Intarissable aven, d'où l'on puise et rapporte
Au jour du conscient tant de l'essentiel,
Nourrit l'inconscient du plus fort des trésors,
L'objet de cette quête où seul compte l'éveil.

L'adversaire n'est plus l'ennemi redouté
Dont les sentences perdent un aspect répressif
Au bénéfice immense, incomparable allié,
D'un savoir qui dépasse, force le persuasif.

Par cette dimension, chacun vient enrichir
Son karma du produit des souffrances, des douleurs
Des entraves et tant de tout ce qui va fournir
Ce qui fait de la vie le concept fondateur.

Loin du moindre laxisme, et sans consolation,
Les plus riches ne sont pas ce que disent ainsi
D'apparents, si faciles, états d'imposition
Des ordres de pensée, sans que ce soit le dit.

SUR LE RELATIONNEL

D'espoirs en déceptions, mais si riches pourtant
Vers la fin du passage, paraissant essentielles,
Tout d'abord, voir raison, si souvent,
Sauf cas particuliers, le vide les réveille.

Elevons celles par qui c'est le Genre Humain
Qu'on voit valorisé. Rendons leur même grâce !
En plus que mérité, cet hommage est restreint
A bien peu d'exceptions, qu'on digère, qui s'effacent.

Du cadre général, le futile est ce qui
Manipule l'espace, avant qu'on s'aperçoive
Où sont les bien-fondés de merveilleux partis
Auxquels on sait pouvoir aller sans qu'ils déçoivent.

Savoir et délester ce qui semble à grand tort
Conforter, rapprocher des traces qui rassurent
En ordres jalonnés de si précieux rapports,
Ne laisse aux auteurs que de fines polissures.

L'essence en retour est distillée par le moi,
L'absolu cœur d'état, procède de la vie,
Quoique soit si réduit ce qui n'est à part soi
Mais qui éblouit souvent plus loin de l'infini.

QUEL CADRE-VÉRITÉ ?

Uniques et patrimoine, bien plus qu'un génotype,
Pour chaque individu c'est en son sein profond
Que vient s'élaborer cet intense archétype
Où c'est des contrecoups qu'elles apparaîtront.

Malgré des diversions, les notions s'élaborent
Quoique des attentat s'opposent à tout ce qui,
Du cadre proposé, du cadre imposé sort,
Déstabilise et prend un ascendant sur lui.

En collier de douceur, et de facilité,
S'affichent à ce carcan des règles, sans issue,
Qui servent un statu quo fait d'immobilité
Sur l'ordre institué d'un règne de bévues.

Les retours proposés bâillonnent aveuglément,
Forcent qui s'évertue, vers cette vérité,
A trouver ses réponses, l'axe d'avancement
De son for intérieur, à sans cesse lutter.

Reflet désavoué par la vide clarté
D'un contexte social où nul ne se lit plus !
Quel crédit accorder à cette unicité
Dans laquelle chacun rédige son vécu ?

PRIMORDIAL COMBAT

C'est de lutte inégale, bien ailleurs que l'on croit,
Qu'ils guerroient, en semblant d'infinis adversaires
Où les affrontements remplissent ces débats
Qui divisent lorsqu'on les dit complémentaires.

C'est bien la raison d'être, à l'envers du constat,
Qui justifie, unit les deux protagonistes
Aux arguments profonds de l'unique pourquoi
Ne pas baisser les bras, d'être plus humaniste.

Se battre contre ou pour revient toujours au même :
Conceptualiser l'ailleurs d'entraves qui,
Sont là pour façonner l'esprit, faire qu'on sème.
L'aide est antagoniste aux bases de la vie.

Inaccessible par ses essences, ses raisons,
L'objet de ces combats, passionnés, incessants,
Se tient dans l'équilibre et continuation
D'unitaires notions qui s'imposent au vivant.

Émerge du mélange, où se brassent et déchirent
En de riches amalgames un infini panel,
Ce qui semble vouloir restreindre et circonscrire
Un état d'absolu dans le fait éternel.

PRESCRIT ET RESSENTI

L'imperfectible vrai, vérité d'évidence
Et si présente qu'on en viendrait à douter
Devant l'adéquation de tant de pertinence
Aux préceptes dictés par la société.

Regard inquisiteur, aveuglé d'immédiat,
Où tant ne font que voir ce que l'on voit, repus,
Sans pousser l'opinion plus loin qu'aux premiers pas
Des investigations dont rien n'est imprévu.

D'apparence, ils sont ivres, bénissent comme un don
De la satisfaction par la facilité
L'état de conscience où les tient l'horizon
Si court de perception qu'ils croient tout englober.

Décideur, mais menteur, il suffit d'accepter
Pour être exonéré de toute redevance,
Tout scrupule à l'égard d'un ego préservé
Par vœu d'infirmité pour cette non voyance.

Quoi de ces positions, ces vies si difficiles
Où fermer les yeux n'est souvent qu'un pis-aller
Quand bien d'autres pourraient se faire acteurs utiles
A cette communion d'être et de vérité ?

SUR LA CONTINUITÉ

Devoir perpétuer pour pouvoir accomplir
L'essence de la vie, aboutir les raisons
D'un choix sans équivoque où s'égarer n'a pire
Ennemi. L'errance s'y tient traître et félonne.

Pourtant aujourd'hui la confortable épaisseur,
Forte de tant de ces sciences élaborées,
Répond aux incrédules en sournoise douceur
D'assurances où rien n'est à expérimenter.

Légions de fausses routes affluent, viennent s'offrir
A qui ne conçoit pas encore d'être part
De l'idée totale où c'est pour le devenir,
L'évolution, que sont le plaisir et le dard.

Que l'on perçoive ou non la multiplicité
De ce qui le compose, on se doit, d'évidence,
A vivre et à poursuivre, cultiver, préparer
Le chemin de ceux qui seront la descendance.

Le besoin de raisons ne peut toucher qui sait
Que la seule est lui-même et qu'elle englobe tout,
De ceux qui étaient avant, jusqu'au dernier cadet,
Bien au-delà du temps, et tout ce qui rend fou.

POURSUIVRE EN DEVENIR

De « tenir pour tenir », l'axe s'infléchit vers
Demain, l'à venir quand, de par sa conscience,
Rien d'autre n'est raison d'un quelconque univers,
D'un ailleurs qui saurait avoir plus d'importance.

Juvéniles images, où l'impression retient
Un contact, si fécond, où les racines semblent
Etre dans le futur, ce concept qui détient
Le pôle avant-coureur où l'énergie s'assemble.

Le regard s'éclaircit quand la force est tendresse,
Puise chez les plus faibles un incommensurable
Espoir qui magnifie, certains états s'inversent,
Donnent à l'absolu ce corps presque palpable.

Déplorable habitude acquiesçant des plus grands,
Comme mérite unique, la propension d'oser,
D'infléchir de leurs choix ce qu'ils croient innocents,
D'être par leur pouvoir ce qu'ils ont décidé.

D'escarmouches en batailles où se gagnent les guerres,
Tout vient du devenir, de celui de ceux dont
Nos corps sont les porteurs, loin de l'imaginaire,
En des fragments tendus vers l'unique horizon.

LES AIMERS

Vus si beaux, dits si propres et si forts que montagnes
Où démentiels démons n'ont qu'à bien se tenir ;
Mais qu'ils vous plaisent ou non, ces aspects de cocagne,
En kaléidoscope, habillent le plaisir.

Aux plus purs, plus durs qui stigmatisent l'image
Où, naïves, se perdent bien des idées premières,
S'ajoutent, en plus modestes, ceux qui restent bien sages
Pour former l'apanage entier de leurs chimères.

Des menteurs, désinvoltes, ironiques ou moqueurs,
Se targuent volontiers d'être de ces états,
Si loin du fade et du médiocre en délateurs
De vies qu'on ne voit pas sourire à chaque pas.

Niant ces dogmatiques, et faciles, assurances,
On ne peut, sans mentir, pas ne pas voir qui font
Souffrir, intensités que masque l'apparence,
Jusqu'à ceux, des plus forts, dans leur dénégation.

Par eux, déclinaisons, et jusqu'à leurs contraires,
Depuis la nuit des temps, sont seules vraies conquêtes.
Tout procède par ce qu'ils engendrent et génèrent,
Alors que l'illusion égare cette quête.

S'ENRICHIR D'ALLER VERS

Protégé de l'externe, la critique, le « peut-être … »
La mort est en interne, quand l'issue n'en finit
Que d'être et ne pas naître, projeter sans paraître,
Où le moi reste seul, en ami trop acquis.

L'hostile est au dehors, mais sans l'affronter rien
N'a d'autre plus que ce qu'en accorde l'auteur,
De quelque fait qu'il soit. L'éviction de la fin
Par trop d'isolement pousse vers l'extérieur.

Des forces de l'ego, bien au-delà de soi,
Celle qui se destine à extérioriser
Ce riche et parfois flou, incompris, fort aloi
Donne les vraies grandeurs, décrie le désuet.

Blotti dans le profond, au cœur des consciences,
L'essentiel est bien de rayonner, sans égal,
Vers chacun, se fondre et parvenir à l'essence
Intrinsèque, inhérente au devenir global.

Des actes singuliers, voir' banaux, sont ceux dont
L'importance ne peut pas être mesurée.
Cultiver les moyens de cette position
Étaye en principal ce qu'il faut engager.

SI PRÉCIEUX POTENTIEL

Indéfectible, immense, inaperçue pourtant
Quand tout semble aller bien. C'est alors qu'elle assiste,
En semblant, pour certains, l'étrangère apparente
Où rien ne l'interpelle, recluse et réserviste.

Lorsqu'on la nie le plus, elle est seule souvent
A qui se raccrocher, qui n'abandonne pas,
Qui n'accorde au vernis que frasques du brillant
Face à l'extravagant vide de son état.

C'est quand tout semble à bout, qu'on ne voit pas d'issue,
Que les ordres usuels en sont bouleversés,
Qu'elle vient nous surprendre. Alors d'être abattu
Vient une irrésistible impulsion nous pousser.

Galvanisée, qui sait, d'être l'ultime espoir,
Cette dernière alliée qu'on ne soupçonnait pas,
Elle déploie, puissante, aux pires avatars
Une riposte qui ne laisse pas de choix.

Trop inimaginée, quoique partie de soi,
Travailler à savoir, pouvoir la révéler
Vers ce qui, viscéral, se passe de l'éclat
Grandit la force qui ne nous trahit jamais.

OMNIPRÉSENT ATOUT

Aucun mot ne l'exclut car c'est l'état de tout,
Dans lequel évoluent de piètres dimensions
Crues par tant principales, et sortes d'ailleurs où
L'évanescent tient place et lieu de directions.

C'est bien loin des éclats, ébats, débordements,
Où s'essaime l'esprit, s'affaiblissent les forces,
S'érode l'énergie, que ce dont tout dépend
Se révèle, appréhende, et détonne l'amorce.

Fruit de la volonté, cultivé par les faits
Isolés, généraux, personnels, vers les autres,
Autant elle est par nous que nous par ce qu'elle est,
Décideurs et soumis, leçon d'état d'apôtre.

Faite de, et par ce qu'on génère alentour,
En soi, en général, source autant qu'affluent
D'indicible objectif gestateur qui parcourt
L'étendue de nos vies, négligé trop souvent.

Décryptage essentiel, du simple à l'anodin,
D'intimistes détails en bouleversements,
La cultiver renforce et motive le lien
Fondateur d'harmonie communiant le présent.

FONDEMENTS D'À VENIR

De tracer, d'affermir le chemin vient la foi,
Se trouvent les raisons. Alors l'ego répond
Que bien des choses ne sont plus faites pour soi,
Que l'on sait ne devoir tout qu'à ceux qui viendront.

Chercher à préserver d'une vie qui détruit
L'axe du fondement, seul état qui permet
L'épanouissement, est pôle d'énergie
Qui donne à l'essentiel ce qui en fait le pilier.

Tout reste si fragile en dehors de ce qui
Persiste, inaltérable, dans cette carapace
Imposée sans détour hors de tous les acquis.
L'amour, au cœur de soi, fonde pousse et déplace.

Délaisser le futile, tant que faire se peut,
Aide à l'appréhension de ce qui, si souvent,
Les effleure et s'échappe, par la force de ce
Qui tient toute la place, épuise et nous prend tant.

Comme semi synthèse, y aurait-il vraiment
Par ailleurs quelqu'autre et si cruciale question
Qui vaille, sans détour, qu'on s'y attarde autant,
Quoi que même si peu semble être usurpation ?

AXE DE COMMUNION

D'attendre ou demander, d'investir, de paraître,
Ne vient pas de réponse aux interrogations.
Ce semblant de lacune où le rapport est maître,
Un esclave martyr, engendre l'oppression.

Serait-ce depuis soi que se suit le chemin
Vers l'objet des tourments ? On ne partage pas
Ce qu'on a décidé, du bonheur au chagrin,
Mais ce qu'on a bâti sans forcer le débat.

Subtile relation dont l'infini trésor
Veut savoir percevoir dans des signes anodins
Les joyaux cristallins, ces attentes, un accord
Où s'induit l'harmonie de désirs incertains.

Tout tient de l'attitude autant que d'aller vers
Quand c'est de se livrer que l'on peut découvrir,
Créer cet oeil commun, converger du désert
Vers la source commune où construire est plaisir.

Comment s'aimer s'apprend, lorsque très patiemment,
De seul à deux, vers tous, c'est se laisser glisser
Dans l'unique unité qui transcende et qui rend
Cette lumière abstraite aussi claire qu'aimer …

SUR LE FIL DU RASOIR

Parenthèse infinie qui tient à presque tout,
Presque rien, ce qu'il faut de courage, de raison.
Tu étais là, pas les autres. La mèche est un atout
Qui met le feu aux poudres, et voici l'explosion.

La fusée, le sillage, dans le noir on distingue,
On devine, on suppose, il n'y a plus que le bruit
De ce qui va venir, on espère, c'est l'instinct
Qui décide un instant la porte d'aujourd'hui.

Changer la donne, ne pas faillir, faiblir, savoir
Qu'on ne peut pas toujours, et voici d'un éclair
Le bouquet qui étale, ses couleurs, et le noir
Redescend, disparait, précédé de lumières.

Oui, elle vient vers nous, la lumière, le Big Bang
Qui déchire ténèbres, crée le nouvel espace
Où l'on se réjouit de ce temps de l'avant,
Du plaisir de laisser une nouvelle trace.

Alors les escarbilles, en paillettes arc-en-ciel,
Semblent s'organiser comme l'aube du jour,
Vouloir ne pas finir, éternelles merveilles,
Toujours renouvelées, Essais sur de l'amour.

TOIM

Je ne cherche et n'attends rien d'autre que l'après.
Vaquer d'occupations en d'autres occupations.
Rien ne tarde sinon de voir le temps passé
Passer. Passe le temps, passe vers l'extinction.

Tout d'un coup, Te voila !, un rayon de soleil
Accouche d'arc-en-ciel sur la triste vallée.
Des fleurs, de l'eau, couleurs, révèlent des merveilles
En un Trésor d'accords alors insoupçonné.

N'est plus que l'assurance en un bonheur certain.
Tant de mots, de projets, qu'on ne peut démentir.
Ni Toi, ni moi, c'est Toim, impatient pour demain,
Une dernière nuit et l'aurore va luire.

Mais Toim n'est pas tout seul. Sont ces autres, d'abord,
Et l'expérience aussi, répartition vers Toi.
Quelque chose sournois assombrit le Trésor,
Etouffe l'harmonie. Quelque chose nous broie.

Revient l'isolement, SMS, téléphone,
Puis quand ça fait trop mal, on arrête, et plus rien.
Du moins plus rien autour, mais les pensées chiffonnent,
Amplifient, s'amplifient, le doute me retient.

Retour brutal, rapide, à l'état continu
Du désespoir latent. La misère et l'Envie
Nées de Toim cherchent l'air, maudissent ce foutu
Doute installé en moi, qui ronge et qui détruit.

Le soleil, l'arc-en-ciel, délaissent le désert.
Je ne cherche et n'attends rien d'autre que l'après,
Mais la souffrance est là ! Seul, je suis en enfer,
T'Aimer si loin de Toi torture la pensée.

Pour la dernière fois ? Vouloir ne plus vouloir ?
En renaître est il dit ? Je l'ai cru, et pourtant ...
Ca ne me quitte pas. Un Amour désespoir
Ne fait que démentir ce qui était avant.

Mais le désir persiste, de vivre ensemble et dans
Le respect, le partage, et surtout l'harmonie,
Quand malgré le retour reste ce que j'attends.
Ça ne me quitte pas, quelque part je souris.

Un pour Un, compléments dans l'amour, les passions,
Les centres d'intérêts, combats, intimité,
Et nous ne serions plus, par l'accord, par l'union,
Deux personnes distinctes. Alors Toim reviendrait.

La porte reste ouverte, je ne sais jusqu'à quand,
Mais je suis à l'orée de ce que Tu voudras.
D'un souffle d'attention renaîtrait le printemps,
Et je sais que ce jour, alors Toim reviendra.

APRÈS

Elle a changé. Oui, j'étais seul, le soir ;
Pourtant ce soir, bien loin de l'habitude,
Oui, je me sens vraiment tout seul ce soir ;
Forme d'absence, qui n'est pas solitude.

Après le choc, j'appréhende et mesure.
Tu n'as jamais été aussi présente,
Quand naît du vide, oh oui, je te l'assure,
Cette impression de sentence en attente.

L'Amour fait mal quand il est prisonnier
De cette absence, qui n'est pas solitude,
De ces erreurs qui nous ont dépassés,
Quelles raisons ?, aucune certitude.

Alors faut-il voir, comme Tu l'as dit,
Entre les mots, à travers les raisons,
Quelle est prétexte, quelle est juste, quels non-dits ?
L'extrapolé est il indication ?

Alors faut-il rester sur « Pour l'instant » ?
Y verrait-on les véritables causes ?
Quelle terreur, de l'inconnu, du temps ?
Et quelle peur de la métamorphose ?

Tu n'as jamais été aussi présente,
Dans mes pensées, mes gestes et souvenirs.
Tu es partout, et pourtant Tu-es absente,
Tu m'as parlé comme sans à-venir.

Ce sont tes choix, Tu sais que je respecte,
Mais échouer si près du but serait
Catastrophique, alors, comm' on accepte,
Sans refuser, sachons nous adapter.

L'Être n'est rien, l'expérience est maîtresse ;
Je n'y vois rien, je t'écris sans espoir,
Pourtant demain pourrait être caresse.
Parler ce soir est comme-un exutoire.

Mais si Tu m'aimes, ne serait-ce qu'un peu,
Mais si Tu crois en ma sincérité,
S'il ne s'agit que d'un temps laborieux,
Alors dis-moi de rester éveillé.

RENCONTRE

PREMIÈRE PARTIE

Qui parle de hasard ? Tu ne l'aurais pas cru,
L'aurais cru impossible, pourtant c'est arrivé.
Le désert était là. Rien à perte de vue
Et Tu n'y croyais plus, prisonnier' du passé.

Tu ne dirigeas pas et les mots sont venus.
Tu l'as fait sans vouloir, au début, intriguée,
Mais ça s'est affirmé, les mots devenant plus,
Au-delà de leur sens. Tu les as écoutés.

Voici alors l'image. Accessoire incertain.
Tu la vois mais Tu sais qu'elle n'en dit pas plus,
Que la clef n'est pas là, qu'elle n'est presque rien,
Que c'est ailleurs, plus loin, que tout est entendu.

Quand vient le son des mots, qui sait les rendre humains,
Il t'apaise, et Tu sens l'autre ailleurs, si présent.
Tu ne le connais pas, mais le connais si bien.
Quoi qu'ailleurs, il est là, et depuis si longtemps.

Sincérité, confiance, partage et harmonie.
C'est une communion,   par l'esprit, par l'astral,
Une dimension où l'accessoire est banni
Quand Nous est la raison du bonheur qui s'installe.

Etre deux, n'être qu'un, être ensemble déjà,
Bien avant que les corps se rencontrent, d'ailleurs,
Bien au-delà du temps, la matière et l'espace,
Sentir l'autre en tous points. Il n'y a rien de meilleur.

Echanges tendres, le souffle, la chaleur de son corps,
Des paroles-caresses, ta main sur ma poitrine,
Odeurs, respiration, la chair fait-elle tort ?
Non, c'est là le vecteur pointant le stade ultime.

Son bras entre tes seins, il effleure ton cou
Dans ce fondamental état de plénitude,
Fusionnel, qui attend enfin la rencontre où,
Dans les bras l'un de l'autre, « Adieu » aux multitudes.

RENCONTRE

DEUXIÈME PARTIE

Oui, Chérie, oui, mon Cœur, nous y sommes.
Qui n'a jamais, fébrile, hésité, attendu,
Retourné les questions alors qu'au point du jour,
Décision sans retour, le moment est venu.

Dernier appel, la route, des alpages à la mer,
Un arrêt, nous y sommes. Te voici, me voila, rassemblés.
Sobre intense rencontre où s'ouvre un univers,
Nouvelle dimension qu'on va apprivoiser.

On se connait si bien que tout est déjà là.
Sur le spirituel les corps vont s'exprimer.
Nouveau sens du rapport à l'autre, sentir l'aura.
Enfin l'état total que chacun attendait.

Mais d'abord, le respect. Ce qui soit être fait
Sera fait de soi-même, et nous ouvrons la porte
A nos intimités, à ce qu'on a gardé,
Ressenti, merveilleux qui sublime et transporte.

L'Être nouveau s'invite, sans tabou, sans détour.
Le plaisir de la peau, du souffle et de l'odeur ;
La noble élévation, dans l'esprit, dans l'Amour.
Le support de la chair n'est qu'un reflet du cœur.

L'expression Nous confond en un seul ressenti,
Dans cette certitude où il n'est pas de mot,
Exprimant l'Unité, le mariage accompli
Au sein de l'absolu.

                    Toi, Moi, Toim, …, que c'est beau !

RENCONTRE

TROISIÈME PARTIE

« Ta, ta, tata, ta » et la gare, le train, départ.
TGV, TER, je descends sur le quai,
Impatient, rassuré, je croise ton regard.
Quelques pas, quel bonheur que de se retrouver.

Quel week-end magnifique ! Nous étions en famille.
De merveilleux moments, ballades et découvertes.
Les sommets enneigés envient mon cœur qui brille
Au plaisir d'un sourire, sur tes lèvres entrouvertes.

Quel partage ! Nouveau monde, tourbillon enivrant,
Au miroir de mon âme, mes yeux émerveillés.
Si heureux. Ils sont là, Jérémy et Nathan,
Présence irremplaçable, attendue. On y est.

Et de nouveau la gare. Ça grouille et ça fourmille.
Tous pressés. Je regarde, mais je suis si loin d'eux,
Collés au téléphone, affichages, quand scintille
En moi ce sentiment que j'ai vu dans tes yeux.

« Ta, ta, tata, ta » et le revoilà, le train.
Je reprends, apaisé, le wagon, le papier.
« Merci pour le stylo ! ». Voici les mots, besoin
D'explorer ce que Tu, ce que Vous m'apportez.

Nouvelle vie, départ, arrivée, et puis non,
C'est ainsi, simplement ; c'est ainsi sans que rien
D'autre ne soit que Nous, la clef et la raison
De tout notre passé, des parcours, de l' « Enfin ! ».

RENCONTRE

QUATRIÈME PARTIE

Quand le moment venu
        Ta voix si douce et claire
Vient transporter mon cœur
        Vers des cieux inconnus,
Un plaisir indicible
        Envahit, sans manière,
L'aube des sensations,
        Ce qu'on n'espérait plus.

Que les mots sont suaves,
        Qu'ils me laissent rêveur !
Tu me parles, j'imagine
        Sous le peignoir ton corps.
Désir de caresser,
        Dans l'intime chaleur
Où la lueur vacille
        En soulignant l'Accord.

Petits bisous partout,
      Tendres bisous, Chérie.
Un bisou sur ton front
      Quand tu-as les yeux fermés,
Des paupières à ta bouche.
      Quand tes lèvres sourient,
Et ta tête s'incline,
      Ton cou sait m'inviter.

Bisous sur ta poitrine,
      Des monts jusqu'au vallon,
Puis j'effleure ta peau,
      Et quand elle frissonne
Je descends sur ton ventre,
      Et nos deux corps résonnent
D'un désir précédé
      De points de suspension …

LES POINTS DE SUSPENSION

Un, deux, trois petits points, presque rien, mais beaucoup,
Tellement que, sans eux, sans cet allié pointu,
Manque à Nous ce qu'on sent en principal atout ;
Oui, cette dimension où le verbe n'est plus.

Les points de suspension viennent ouvrir notre esprit
Sur la fin du propos, la teneur du discours,
Ce que d'autres ne voient, là ou l'on s'approprie
L'art de l'intimité aux indicibles atours.

Les points de suspension sont les non-dits si forts
Que Tu n'entends que ça, caresses des pensées
Qu'on ne formule pas, au-delà de nos corps.
Plus que d'imaginer, le sens est sublimé.

Ils nous permettent tout, souvent plus que de vrai.
Ils sont le Véritable. Bien mieux que dans l'action,
Plus que dans l'émotion, ils nous donnent les clefs
De notre nouveau monde, la seule direction.

La porte est entrouverte où nous ne sommes qu'Un,
Et les yeux malicieux des points de suspension …
« Amour, ferme la porte !, pour tous et pour chacun
Rien ne sera mieux que des points de suspension » …

****

PEU IMPORTENT LES MOTS
TANT EN COMPTE L'ESPRIT

****

DÉJÀ PARU DANS LA MÊME COLLECTION

Fresque des temps modernes – Tome 1

Éditeur : BoD-Books on Demand, 12/14 rond point
des Champs Élysées, 75008 Paris, France
Impression : BoD-Books on Demand, Norderstedt,
Allemagne
ISBN : 9782322158461
Dépôt légal : juin 2017

FSC
www.fsc.org
MIXTE
Papier issu
de sources
responsables
Paper from
responsible sources
FSC® C105338